Une étoile
qui danse sur le chaos

Ève Ricard

Une étoile qui danse sur le chaos

Préface de Matthieu Ricard

Albin Michel

À mes fils,
Raphaël et Guillaume

À toi, Yann
parce que tu es là,
je suis là aussi

« Nous devons cesser d'être des hommes qui prient, pour devenir des hommes qui bénissent. »

Nietzsche

« Mais écoute le souffle de l'espace, le message incessant qui est fait de silence. »

Rilke

Préface

Ma chère sœur, toi et Yann ton époux à qui est dédié ce livre, nous donnez tous les jours une leçon de vie. Une leçon transmise non seulement par des mots mais aussi par l'exemple. Une leçon qui n'est pas donnée à une heure ou à une date fixe mais à chaque instant, avec simplicité, constance et dignité. Ève, tu nous enseignes le courage, Yann la sollicitude. Ton courage n'est pas seulement de faire face à une maladie éprouvante dont tu sais que tu ne guériras pas, mais surtout d'avoir adopté et maintenu sans fléchir une vision et une attitude exemplaires à l'égard du mal qui t'affecte. Cette vision, tu l'articules en quelques mots : « Je sais que j'ai une maladie et pourtant je ne suis pas cette maladie et je ne le serai pas. » Cette attitude fait une immense différence, car en ne t'identifiant pas à la maladie, tu as ouvert et préservé un espace de liberté pour vivre, créer et aimer. Cet espace te permet de choisir comment vivre une maladie que tu n'as pas choisi de subir. Cette maladie, tu ne t'y es pas résignée comme une victime impuissante ; tu l'as prise en main comme une musicienne qui trouve sur son chemin un instrument abîmé et sait, par la magie de son expertise, en tirer une mélodie émouvante et sublime qui nous surprend et nous transporte.

Quelles que puissent être l'adversité extérieure et la douleur du corps, c'est l'esprit qui les traduit en mal-être. C'est lui qui connaît la joie au cœur de la tempête ou la tristesse dans un paradis. Un changement, même minime, dans la manière de percevoir et d'interpréter le monde transforme considérablement la qualité de chaque instant de notre existence.

Partout où la vie s'épanouit dans l'univers, la souffrance est présente : maladie, vieillesse, mort, séparation d'avec ceux que l'on aime, union forcée avec ceux qui nous oppriment, privation de ce dont on a besoin, confrontation avec ce que l'on redoute...

Mais la souffrance ne possède pas un caractère absolu, et le malheur n'a pas de causes immuables. Nous n'avons qu'un contrôle limité, temporaire et souvent illusoire sur le monde extérieur et sur notre corps, mais notre esprit, lui, est par nature beaucoup plus flexible : s'il est difficile de changer le monde, il est toujours possible de transformer notre façon de le percevoir.

Maladroitement, nous recherchons le bonheur en dehors de nous-mêmes et lorsque nous nous trouvons désemparés face à la souffrance, c'est encore à l'extérieur que nous cherchons de l'aide. Pourquoi tant hésiter à tourner notre regard vers l'intérieur ? C'est pourtant bien au cœur de la nature même de l'esprit que l'on peut s'ouvrir au potentiel de force et de sérénité toujours présent au plus profond de soi.

« Que faire quand on est privé du geste ? » écris-tu. « Peut-on vivre autrement ? Peut-on créer autrement ? Que signifie cette différence ? Où commence la différence ? Quelles victoires possibles ? Si on se bat, c'est pour une guérison. La victoire ne sera pas celle du corps mais celle intime et spirituelle de l'esprit. »

Le bonheur ne nous est pas donné ni le malheur imposé. Nous sommes à chaque instant à une croisée de chemins et il nous appartient de choisir la direction à prendre. C'est la force d'âme et la liberté intérieure qui font toute la différence.

Les jeunes parkinsoniens ne bénéficient pas en France de l'aide sociale accordée à d'autres travailleurs handicapés (travail à mi-temps, etc.), car c'est une maladie censée affecter les personnes âgées qui, habituellement, ont déjà quitté le milieu du travail. En dépit de ta maladie, tu as continué à exercer ton métier d'orthophoniste et à te dévouer à plein temps à « des enfants pas fréquentables, ceux qu'on ne voit jamais dans les goûters d'anniversaire... des champions en grossièretés... ».

« La dame des mots[1] », c'est ainsi que te nomma l'un de ces enfants pour qui les mots sont un mystère, des enfants qui souffrent de ne pouvoir s'exprimer, de ne pouvoir s'ouvrir à la lecture, à l'écriture, à un monde si différent du leur.

« Ici, tu sais, on ne rate jamais rien », as-tu dit à l'un de ces enfants dont tu t'es occupée toute ta vie, « puisqu'il existe un lieu où rien n'est jamais raté. » Ce lieu, c'est notre nature véritable, la pépite d'or qui est en chacun de nous, même si nous avons oublié sa présence, comme le mendiant qui, à la fois pauvre et riche, ignore le trésor enfoui sous sa cabane. Rentrer en possession de ce qui nous appartient, nature profonde, oubliée, nous permet de vivre une vie pleine de sens. C'est là le plus sûr moyen de trouver la sérénité et d'épanouir l'altruisme dans notre esprit.

« Je n'appartiens plus depuis longtemps à la famille des gens normaux, écris-tu, et je ne vis

---

1. Ève Ricard, *La Dame des mots*, NiL, 2012.

pas comme eux. Je n'appartiens pas plus à celle des parkinsoniens, et je ne vis pas comme eux. La médecine ne s'intéresse pas à cette différence. » Les lecteurs d'*Une étoile qui danse sur le chaos* s'intéresseront sûrement à cette différence et en tireront de profonds enseignements susceptibles de nous éclairer et de nous aider, dans la joie comme dans la souffrance.

Matthieu Ricard, Yama Tashikyil
Tibet, 21 septembre 2014.

PREMIÈRE PARTIE

Parkinson blues

Une île,
un vélomoteur, un poisson

Unique et semblable à tout autre, par les joies, par les peines, par les peurs, par leur apaisement, du vif désir à chaque aube renaissant, ma vie a suivi son cours vagabond.

Unique et semblable à chaque femme, j'ai été épouse, amante. J'ai connu en moi l'enfant. J'ai aimé et l'amour ne s'est jamais éloigné.

Uniques et semblables à tout autre ont été mes souffrances. À chacune, le temps des défaites et des victoires.

Une île, un vélomoteur, un poisson.

L'histoire commence comme ça. Elle noue son fil entre eux, crée un événement, donne les premiers indices de la maladie.

Je ne vois rien que l'île de Patmos et cette foutue poignée de mobylette sur laquelle ma main est restée crispée toute la journée.

Je ne vois que cette baignade au soleil couchant et cette piqûre au pied, une vive, sans aucun doute.

Je ne vois pour expliquer ma main droite tétanisée, inerte, les doigts raides et se tenant écartés, que la conjonction de l'île, du vélomoteur et de la vive.

Ce jour-là, j'ai commencé à mettre la peur hors de moi. J'ai gardé cela de l'enfance de matérialiser et d'animer les sentiments, les émotions, les perceptions, comme séparés et séparables.

La dernière angine de Noël

Deux années passent, j'ai du mal à écrire. Psychosomatique, chuchote mon entourage. Un père écrivain, une mère peintre, elle est orthophoniste. La main, toujours la main… Elle a attrapé la crampe de l'écrivain.

Puis mon corps devient plus raide, à l'image de ma pensée qui, semble-t-il, se rigidifie. Comme tu marches, ma fille ! Ton corps ne se déhanche plus, tes bras restent accrochés le long de tes flancs. Qu'as-tu fait de tes pas chaloupés ?

Vient le temps des vérités et des mauvaises nouvelles. Je consulte un neurologue. Je n'entends rien de sa conclusion, puisqu'il parle à mots couverts. « Pour l'hospitalisation, on vous laisse passer Noël tranquille. Venez après les fêtes. »

Je comprends : s'il n'y a pas d'urgence, je n'ai rien de grave.

Dernier Noël d'insouciance. Sans savoir.
Maintenant je sais. J'ai la maladie de Parkinson.

Parkinson : maladie dégénérative du système nerveux.

J'ai quarante-quatre ans. C'est pour toujours.

Le corps nous est secret. Son langage est fait de signes. Écoutons ses appels, soyons attentifs à ses rythmes. Ce Noël, j'ai eu ma dernière grosse angine. J'étais collectionneuse d'angines, d'allergies, de petits maux multiples. Balayés, tous ! Pas même un rhume depuis. Le corps est mobilisé tout entier par cette seule maladie. Parfois je rêve de cette angine, si familière, prévisible, simple. Et, du fond de mon lit, je me disais que le médecin avait bien fait de me laisser un répit.

Si, dans les petites maladies, quelque chose revient de l'enfance, un moment d'abandon, d'attente tranquille, une grande maladie réclame une vigilance de tous les instants. Nous sommes nuit et jour sur le pont du bateau, à surveiller l'horizon, les fonds, le vent. La navigation se fait sans carte.

Écrire et danser

Derniers jours de souvenirs. À un moment de ma vie, le verbe *être* s'emploie au présent, seulement au présent.

Onze Noëls déjà. J'ai tant vécu chaque instant comme une vibration continue qu'il me faut tout laisser et le confier aux mots. Ainsi j'irai, libre d'accueillir de nouvelles années.

Des noms, des verbes, des adjectifs. Légèreté et rigueur réalisent le secret de cet alliage précieux : le langage. Dire au plus près de sa pensée sans alourdir la phrase, laisser la beauté apparaître. Le langage est une musique, composée de libertés et de règles incontournables. Inviter les enfants à faire cette découverte, c'est mon métier d'orthophoniste. Une part de ma vie.

Écrire ces pages a été comme une danse, comme un chant, jusqu'à m'abandonner au seul plaisir des mots, à cœur joie.

La réalité est charnelle, mon corps en suit les sentiers. La fatigue viendra par la vie avant de venir par la maladie.

Écrire et danser. La musique, le délié de la main, la courbe des jambes. Pieds nus. Le rythme coule, scande, libère. Je peux écrire. La mélodie réveille le geste de la main. Un *Stabat Mater* ou un rock'n roll.

J'ai attendu dix ans. Les dix meilleurs, selon les médecins, où les traitements « marchent » bien.

Ce temps a passé.

Rien de pire, rien de meilleur non plus. Je me sens doublement différente. Je n'appartiens plus depuis longtemps à la famille des gens normaux, et je ne vis pas comme eux. Je n'appartiens pas plus à celle des parkinsoniens, et je ne vis pas comme eux.

La médecine ne s'intéresse pas à cette différence.

Chaque jour je m'interroge davantage. Mon récit ne peut être celui d'une douleur, elle est trop près. Je ne la convoquerai pas. Les mots la rendraient plus proche encore. Je retiens à bout de bras un toit qui s'est décroché. Si mes forces me lâchaient, la violence viendrait, brutale.

Le temps de mon récit est le présent. Écrire un jour : « J'avais la maladie de P. » ne sera jamais.

Et s'il y avait un miracle ? Le temps revient sur ses pas. Je suis à l'hôpital. Nulle peur, aucun pressentiment. Je ne pense pas, ne redoute rien. Et je rêve. J'entends dire : « Madame, vous pouvez sortir, vous n'avez rien. » Non, ces mots ne seront jamais prononcés.

Sauter dans une piscine
le nez bouché

D'abord c'est la panique. Immense.

Vite, dans la tête se bousculent mille interrogations destinées au médecin.

Vite, faire le tri entre celles dont je me sens capable d'entendre la réponse et celles pour lesquelles il est trop tôt encore. Pourquoi ? Comment ? La panique impose de bouger, de se bouger. Son contraire est la peur. Elle nous paralyse, immobiles, atterrés. La panique parle en nous sans attendre. Hier je n'étais pas une malade, aujourd'hui je le suis. Est-ce que je me sens différente d'hier ?

Changer ma vie. Ce que je dois, ce que je peux et ne peux pas. Ce que je veux et ne veux pas.

À présent, je sais. Je suis dans un lit d'hôpital et l'horizon est si loin ! Comment sera désormais ma vie ? Faut-il le cacher à certains, à tous ? Peut-être à aucun.

Je connais cette maladie par le calvaire que vécut ma tante du temps où aucun traitement n'existait.

Sauter dans une piscine le nez bouché

Mon père est la première personne à qui je téléphone. Va-t-il pleurer, me prendre sur son cœur, me dire qu'il est là ?

Au fil des jours, je parle. Pour tous, c'est douloureux. Il y a ceux qui pourront l'exprimer et ceux qui ne le pourront pas. Beaucoup de gentillesse, beaucoup de maladresse. J'aperçois les limites propres à chacun, quand de nos vies se révèle la fragilité.

Effacer les moments noirs. Passer à travers, comme on saute dans une piscine, yeux fermés, en se bouchant le nez.

Ici tout est bien

Un amour, des enfants, des amis chers. Un beau métier. Ce bonheur vit et ne sera pas assombri.

Mon travail reste cette longue et belle marche avec l'enfant. Construire avec lui un pont et passer au-dessus de ses peurs. Un pont qui le mène sur une rive protégée où il trouvera le temps de son désir. Chaque semaine, pendant longtemps, j'ai lu des contes à des enfants en échec scolaire. Pendant ma lecture, ils devaient dessiner ce qu'ils imaginaient. Ensuite, sous leurs dessins, j'écrivais la légende qu'ils me dictaient. L'écrit seul comptait, formulé par eux, rédigé par moi. Ils découvraient le lien entre les mots et la pensée. Un jour, l'un d'entre eux, soudain mécontent de lui, et prêt à envoyer valdinguer son cahier, grommela : « J'ai tout raté, je m'en vais, c'est moche. » Je lui répondis : « Ici, tu sais, on ne rate jamais rien, et ce que l'on fait est toujours bien. » Se redressant, et sans besoin d'un regard de

confirmation, il reprit son dessin en murmu-
rant : « Qu'est-ce que c'est bien, ici ! On ne
rate jamais. Et si je lisais, ce serait pareil ? »

Puisqu'il existe un lieu où rien n'est jamais
raté, où les images sont accueillies et écrites,
je me glisse parmi les enfants et prends un
cahier. La main invite le langage à danser sur
la page. Au rythme des mots d'ombre et de
lumière, je vous ai écrit.

C'était l'année dernière, toute l'année der-
nière. Aujourd'hui, j'aimerais vous emmener.
« Ici tout est bien, venez ! »

Les bons comptes

Ce qui du plus loin de la mémoire, ce qui de cet instant à peine clos se réfugie dans le secret du cœur doit trouver les sentiers de la parole.

Au seuil du regard, au creux de l'oreille, les lettres et les mots font alliance. Ils ensemencent la terre et repoussent l'obscur de la nuit.

Un veilleur d'amour jette ces lettres de feu dans l'espace muet de la douleur :

Plus on aime, plus on aime.

Elles ouvrent à tout cœur.

Raconter sans me perdre dans la poussière du passé, laisser la vérité de chacun, ni bien, ni mal, nul regret. La vie est un parfum de mystère, parfois enivrant.

Dire, régler des comptes ? Voilà longtemps que mes poches sont percées et que je ne compte plus.

Écrire. Laisser les pensées appeler les pensées, les images dévoiler les images. Sensuelle, voluptueuse est la perception. Son, couleur, ombres ponctuées de lumière : l'image retient les éclats, le reste se défait.

Parler de la maladie n'est pas témoigner d'un malheur. Dire qu'elle n'est pas un malheur serait une tromperie.

Ni justice ni injustice.

Ce qui est sollicité puise sa vérité dans la dureté de l'expérience.

Parkinson-le-glas

Il était une fois : l'histoire de parkinson-le-glas...

Dans le service de neurologie d'un hôpital parisien, je viens de prendre un sacré coup dans le ventre.

Je sais que j'ai mal, mais ma plainte est sans voix. J'entends pourtant dans ma tête une ribambelle de mots qui tourne et retourne : C'est pour toute la vie. Une garantie à cent pour cent. Mieux qu'un mariage ! Je suis malade pour toute ma vie.

Dans cet hôpital, un interne a répondu avec fierté avant tous les chefs du service à la question que je pose, et que je me pose pour la première fois, avec inquiétude : « Qu'est-ce que j'ai ? » Il me répond : « Une parkinson. »

Il a l'air si content. On dirait qu'au jeu du Cluedo il vient de trouver que le colonel Moutarde a tué mademoiselle Pervenche, dans la cuisine, avec la clé à molette.

Voilà ! je suis comme ma vieille tante. Elle me faisait si peur, et tout le monde se moquait de son tremblement : « Ah, elle sucre les fraises ! » À moi les fraises, mais je les prendrai nature !

Ce que je comprends, c'est qu'il est plus sûr d'être une malade bien portante que d'être bien portante et ignorante.

Cela prend du temps à la maladie pour s'annexer ton corps. Les médicaments, eux, l'investissent tout de suite. Du jour au lende-main, tu es mal à en oublier la maladie elle-même. Le temps de s'accoutumer au poison, c'est fini ! Terminée, la lune de miel ! La chimie ne suffit plus.

Une amie qui « passait me voir », selon l'ex-pression, se trouve témoin d'un drame où l'interne se montre nul dans son rôle de jeune premier : ça lui donne le vertige !

Je suis dans un complet brouillard. Je ne pleure pas. Des mots : lune de miel, dix ans, L-Dopa.

M'arrive en écho l'histoire d'une lune de miel qui doit durer dix ans. Le neurologue confirme. Ce que j'entends n'a aucun sens. « De quoi parlez-vous ? » Pas facile à comprendre, cette histoire d'amour. J'espère qu'un prince viendra poser sur mon front un baiser mira-culeux !

Lentement, je découvre qu'on parle de la maladie et de son traitement appelé la L-Dopa (substance utilisée comme médicament dans la maladie de Parkinson). Mais les neurologues se sont trompés de rubrique en consultant les pages jaunes du Bottin et, depuis, ils en donnent aussi aux jeunes mariés pour un très long voyage de noces.

« Et après ?

– Après quoi ?

– Les dix ans.

– Ah oui, eh bien vous aurez cinquante-quatre ans... »

Silence...

Ouvrir la boîte à possible

Revenir sur mes pas ? La maladie a brûlé la terre sur son passage. Ouvrir une page et inscrire les principes d'un compromis. J'écris le mot « illimité ». Si je peux le nommer, l'illimité est donc possible.

En nous, hors de nous, autour et partout, une seule et même énergie. Ni bonne ni mauvaise. Bonne et mauvaise. Offrir ou prendre, refuser ou accepter reviennent comme la lumière du jour. La maladie est là, avec une puissance dont je repousse le « terrible ». C'est moins elle qui me prend que moi qui l'utilise.

La partie n'est pas égale. Vivre demande à mon corps douloureux une somme d'exploits : respirer, parler, bouger. Avoir l'avantage, c'est connaître sans voile son adversaire. Résister au choc frontal de la peur quand la maladie bat, sans relâche, le rappel de notre mortalité. Face à la peur vient l'abandon de la peur.

J'avais mis mes pas dans ceux de la vie. J'allais et, de chaque jour, saluais le renouveau.

De ces instants, la maladie m'a volé l'inno-cence. Je ne connaîtrai plus les simples lende-mains du temps où la maladie n'avait pas encore fait de ma vie une vie bouleversée.

Une réputation se fonde sur des précédents. L'avenir était vide d'espoir, on dit d'elle : à vie.

J'ai le souvenir de m'être confondue avec elle. De cet espace clos ne me parvenait que le son de ma propre voix, tandis que le corps disait sa blessure ô combien réelle. C'est par ce trouble puissant que ma seule issue fut d'ouvrir à l'infini le sens du mot « possible ».

Le désir change la fragile lueur en souffle de vie.

Fille de la fée

Par naissance, fille de fée je suis. Fée était ma mère qui, d'un geste, transformait ce qu'elle voyait. Féerique elle me voyait, aussi je l'étais. Je vivais dans un monde bariolé de couleurs, réinventé, chaque jour, pour moi. J'étais l'habitante enchantée des visions tumultueuses de ma mère. Elle m'aimait parce qu'elle me retrouvait toujours. Jamais je ne doutais d'elle, ni elle de moi.

Nous vivions selon ce qu'elle voulait voir.

Je pouvais être simplement à côté d'elle, je pouvais aussi devenir une couleur, une forme, une matière. Il arrivait que je sois un tableau raté.

Elle me demandait parfois d'aller voir ailleurs si elle y était ; ça me rendait triste de ne pas l'y trouver et de toujours revenir sans elle. Je ne comprenais pas tout, mais ça ne me dérangeait pas.

À sept ans, l'âge de raison, on me changea d'histoire. Fille d'un peintre je devins quand j'appris la vérité : l'existence des fées est un conte.

Ainsi je quittai ce qui de l'enfance en faisait le merveilleux, l'unité du monde visible et invisible.

Ne plus être la fille d'une fée modifie la vie. Ce jour-là fit de moi une transfuge. Je me pris un sacré plat sur la surface plane de la réalité.

À vingt ans, si je sais ce qu'il en est des fées, je ne sais rien du prince charmant. À peine mariée naît ma première grande douleur, faite de désarroi et de peur, et avec elle la solitude, compagne de ce bouleversement.

Je croyais en un monde dont les fondements se sont écroulés. Un regard, et ma vie tout entière a basculé. Ce monde n'est plus, et ne sera jamais plus.

Je découvre une émotion inconnue, qui retient ma colère et la tourne vers moi.

Je savais ce monde fait comme un château de cartes. J'étais là endormie, à rêver. Un éclair me sort du sommeil. Cette évidence, mon regard la traverse depuis des jours et reste sans voir. Je partage ma vie avec un homme que j'appelle l'homme de ma vie. Avec la violence de l'irréversible, la vérité m'apparaît. La femme de sa vie est une autre que moi. Ses yeux ne sont plus qu'elle. Et, comment le dire, elle est belle de cet amour.

L'amour est une grâce. Alors, je m'incline.

Longtemps, j'ai eu peur. Peur du noir où se cachent voleurs, mécréants et toutes sortes de bêtes féroces. Peur des incendies, raz de marée, foudre, et de la fin du monde que je vis en rêve. Peur du hasard avec lequel dérivent mes impressions d'un corps absent.

La Peur. Qui lui donne un nom la connaît. Qui la connaît peut la saisir, et s'en dessaisir. Cette vérité dévoilée, une ère s'ouvre : celle de l'absence de peur.

Je la nommai, un jour, « plus jamais ça ». Plus jamais la tristesse, la solitude, cette désespérance qui colle à l'âme : la longue bande de terre noire de l'abandon éprouvé dans l'enfance. Personne pour m'assurer de l'absence du loup et des méchants embusqués au coin du couloir qui mène à ma chambre. Nul espoir.

Avoir perdu la protection absolue de la fée est un effondrement dans la solitude. La fée était simplement une mère. La mienne était particulière, elle aimait les dangers. C'est l'enfance qui erre entre le trop d'amour et le pas assez d'amour.

Rien ne nous vient que de nous ; l'autre m'est nécessaire pour recevoir. Je suis nécessaire à l'autre pour qu'il donne.

Un temps, l'existence traîne de malentendus en malentendus.

Être seule, plus jamais ça ! Quand je découvris dans le regard de mon mari qu'il aimait une autre femme, j'attendais mon premier enfant. Je ne cherchai pas à me battre contre l'amour. Nous nous séparâmes.

Et si j'ai de l'eau dans les yeux,
c'est qu'il me pleut sur le visage.

Quand de ses reflets le « terrible » se sépare, quitte le mur et se présente face à nous, tout ce qu'il y avait d'illusoire dans la peur s'évanouit avec elle.

Mais, un jour, on me donna un exercice à résoudre : « Allez, celle qui dort au fond de la classe, cahier de travaux pratiques, exercice d'application ! »

Pas de chance, il était vraiment difficile ! Et si ce que les voleurs voulaient m'enlever était la peur, il est trop tard. Ils n'y gagneraient à présent qu'un butin d'illusions.

La maladie s'engage en nous par signes, lisibles ou non. L'incertaine durée de notre vie en est une lecture. Chaque lecteur, selon son intonation, vivifie le récit ou le rend plat. Nous avons tous la capacité d'ouvrir l'espace ou de le clore en refusant de voir.

Par mon corps qui souffre j'ai entendu, dans le langage de l'incompréhensible douleur, l'avertissement de l'inconnue qu'est notre mort.

Poser ces principes et essayer de s'y tenir.

Voir ce qui arrive, ni en bien ni en mal, l'amour est illimité sans préalable. Notre regard du monde se métamorphose.

Voir et faire vivre la beauté secrète de chacun.

La pioche

Rire, pour commencer, est une bonne idée.
J'ai puisé dans le trésor des mots : c'est
« Vivant » qui est sorti. Ce sera donc le premier
et le dernier. Imprévisibles, les souvenirs tan-
tôt se font oublier, tantôt restent en nous et
nous encombrent.

Dernière phrase, dernier regard, dernier
voile avant le scintillement, qu'importe ! Le
seul choix est celui de notre mémoire. Reste
ce qui affleure et chante une ritournelle.

L'éternel avait pourtant bien commencé, sans
gaieté ni tristesse, par ce chaos qui n'en finit
pas de nous préoccuper. Évidemment, je ne
peux finir sans avoir commencé : « Il était une
fois, la vie… » Chaque nuit un sursaut d'an-
goisse m'éveille : si je mourais là ! Je ne saurais
pas la suite. Je veux la connaître, voir le visage
des enfants de mes enfants. J'accepte toutes les
fins passées, mais pas celles à venir.

Prise la main dans le sac à inventer des his-
toires, j'ai eu comme punition un sacré verbe

à conjuguer au passé très compliqué. Ce n'était pas de la poésie. J'avais raconté ceci : « J'ai vu la tristesse de Dieu. Les hommes avaient le crâne mouillé de ses larmes. Moi, je voulais que son rire éclate dans le ciel. Un chapeau pointu sur la tête et un nez rouge, je suis partie faire des grimaces partout, partout. Regarde, il pleut. Est-ce le tonnerre que l'on entend au loin ? »

J'ai mis mon chapeau, j'ai pris mon lasso. Zorro n'est pas arrivé pour me sauver des fautes d'orthographe. J'ai eu zéro. Le stylo posé, j'ai alors réfléchi, longtemps, longtemps. Et quand j'ai eu fini de réfléchir, j'ai encore réfléchi. Alors Dieu a ri !

La roulette

Sur les généreux étals du tout à dix balles, il y a le choix. Trésors et camelotes. Chacun se sert, mais tous n'y trouvent pas ce qu'ils pensent être leur dû.

Ne plus vivre avec la fée. Puis être un jour brutalement chassée du rêve amoureux : je n'étais pas sa belle ; il n'était pas le prince.

Mon existence, que j'avais corsetée de certitudes, prend une pente si glissante que le point d'arrêt est le début d'une nouvelle glissade.

La vie ne tient qu'à un fil, mais Dieu veille à ce qu'il soit solide. Tournez, tournez manèges, la prochaine fois je passerai mon tour, pour voir.

Vivre est fascinant jusqu'au point de l'oubli. Quand les jeux sont finis, nos yeux s'ouvrent à cette simplicité : ce monde que nous voyons est notre regard.

Je me présente. Je ne suis *pas* la fille d'une fée. Je ne suis *pas* la femme de sa vie à qui n'en veut pas. Mais j'ai une maladie, une vraie de vraie, du style glauque de chez Glauque.

Dégénérative ! Évolutive ! Définitive !

Et vous, ça va ? La famille, les enfants, le travail ? Et la santé. Surtout la santé, c'est très important.

Dégénérative : avec option, une très longue vieillesse tu auras. À propos, ça tombe bien, j'ai justement apporté les papiers. Tiens, signe là. Contrat : *baveuse* à long terme.

Évolutive : bien lire l'alinéa en bas de page ! Ma bonne dame, vous en avez de la chance, parce que avec la L-Dopa on vit très vieux, et pas besoin de lifting. Un visage sans expression, c'est une peau bien lisse assurée ! Et aussi *baveux*.

Définitive : Vraiment ? Alors salut mon pote, je préfère me tailler.

Tout cela, c'est quand je te perds, ô mon amour l'amour. Oui, je te perds encore.

Un monde impitoyable ! J'ai tout compris. J'ai bien pris mes médicaments. Je les ai bien vomis, conformément aux effets indésirables annoncés dans la notice. J'ai vraiment tout bien fait. Le temps d'une chute libre. J'ai alors changé mes lunettes. Il y a des maladies « tendance » et d'autres ringardes, dont la mienne.

Vulnérables aux regards, mes compagnons d'infortune épuisent leurs forces afin que « ça » ne se voie pas. Paradoxe. Si l'on veut tant cacher, c'est qu'il y a trop à voir. Comment dissimuler une maladie qui se dévoile dans le geste, dans le mouvement ?

Mal du geste. Mal du mouvement. Lâcher l'artiste et redevenir l'artisan.

Paraître plus ridicule encore que tu n'es à ceux qui t'inspectent du regard à la caisse du supermarché et qui comptent le temps que tu leur fais perdre avec cette lenteur de « clocharde, de pocharde, de débile mentale... ».

Sortir de ma poche un chapeau et un nez de clown, esquisser un pas de danse, lâcher ces maudits paquets, et leur chanter : « Si je tremble, c'est pour vous, c'est pour vous, ouh ouh... »

La rose est sans pourquoi. Mourir en odeur de sainteté. Dans le sillage de nos corps amoureux reste un parfum : le parfum des endorphines.

Endorphines : sécrétion du bonheur. Carte manquante dans la famille Parkinson.

« Alors, je demande le Paradis.

– Je n'ai pas. Pioche...

– Mauvaise pioche.

– Je demande dans la famille des Grandes Maladies, pourquoi as-tu celle-là ?

– Toi, avec tes questions à dix balles, va voir à côté. Si la réponse y est, je serai bien contente.

– Allez. Dis-m'en davantage.

– Je te l'ai déjà expliqué, c'est un exercice, rien qu'un exercice.

– Tu n'y as pas été de main morte !

– Tu as raison, j'y suis allée un peu fort. »

Je m'en passerais bien, maintenant. Mais comment virer une locataire les mois d'hiver ?

Une maladie à la fois

Tu me donnais une force que j'ai gardée vive. Quand cette scélérate déboula dans notre vie, tu me dis : « Avoir deux maladies graves est impossible. Celle-ci te protège des autres. »

Merci à toi, Aimé. Tu m'as conduite sur les sentiers de la confiance et de la certitude. J'ai défait les attaches et ôté mes sandales. C'est ainsi que j'ai dansé.

J'ai avoué immédiatement tout et à tous : parkinsonienne désormais je suis. Sans commentaire ! Mais qui vous dit que je vais laisser faire cette squatteuse ?

Qui a le cœur de ce corps, qui le souffle, qui le désir ? Qui se tient debout ? Qui chante, danse ? Qui regarde l'autre, qui choisit ses habits d'été ou d'hiver ?

Ce cœur et ce souffle ne sont pas malades. Ils ont un problème complexe à résoudre. Mais tout problème contient sa solution. Nettoyons nos lunettes avant d'affirmer que le monde est gris !

Ringarde, cette maladie ! Ce ne sont que moqueries sur la tremblote, les grimaces.

Tu n'es pas beau, mon frère parkinsonien. Pourtant, un jour, je t'ai vu relever la tête, comme mon regard découvrait, cachée en toi, notre beauté d'homme. Un instant tu oubliais que nous n'étions aux yeux des autres que des parkinsoniens.

« La maladie est le mal à dire » (Lacan). Vrai.

Nettoyons de temps en temps nos lunettes pour le plaisir de redécouvrir que nous pouvons voir mieux. Est-ce si simple ? En offrant nos pensées aux mots, sommes-nous assez orgueilleux pour se dire à un mot près la vérité : « j'ai » la parkinson, et non « je suis » parkinsonienne.

Hey Joe, si tu étais à la place de celui qui surveille et fait circuler les pensées à travers nos neurones, tu te fendrais la pêche avec ton pote Johnny le Marcheur, que tu as mis dans ton verre et que tu crois siroter alors que c'est lui qui te cirrhose. Nous ne sommes qu'une escale où s'arrête, un temps, le vol des pensées.

Le psy

Oyez, oyez, bonnes gens, l'histoire de ce fameux cirque qui fait salle pleine avec vos émotions : la psychanalyse. Où Moa fait le pitre et se déshabille : une femme parlera d'elle.

Venez nombreux. Vous saurez tout, car tout vous sera dit. Ce soir plus rien ne sera caché. En première mondiale j'annonce : « La Dernière Séance chez le psychanalyste ».

La narratrice entre en scène, suivie de Moa et du clown Tagada. Elle s'assoit à une table et écrit. C'est une lettre. Moa nous la lit. Tagada, lui, ne pense qu'à faire le clown. Écoutons...

« Voici cinq ans, je franchissais le seuil de votre porte pour la dernière fois. J'avais rassemblé en moi les forces suffisantes. Dans le huis clos de votre bureau une ouvrière va reconstruire. J'étais arrivée, les pas crissant sur les brisures éparses d'incertitudes et de confusions semées devant moi, celles de la maladie.

Le psy

« Il y a des paroles assassines, il y a des paroles sacrées, des formules magiques, des sans-paroles, des paroles données. Certaines lient, d'autres délient.

« Nos cellules décident, les paroles réalisent ; le geste est automatique. Soudain, un diablotin jette une pluie de malentendus. Les cellules jargonnent, les mots s'absentent, la main du trapéziste lâche sa partenaire. Dans le huis clos de votre bureau une ouvrière reconstruisait. La parole sera guérisseuse et le diablotin démasqué.

« Le malentendu me conduisit à la maladie, la maladie me conduisit chez vous, afin que j'y revoie humblement ma copie.

« Un tableau abîmé par le temps est souvent relégué en un lieu d'oubli. Si on le restaure, ses couleurs et ses formes réapparaissent à la lumière du jour.

« Il en est de même des mots et de leur ouvrage de reconstruction. Ils nous font juste changer de rive. Nous parlons alors d'une lumière nouvelle en évoquant le passé.

« Être seule, n'est pas l'absence de l'autre, mais le manque de soi. L'unité est un fin tissage.

« Vous m'avez donné des clés forgées dans des métaux si légers que je les ai toujours, serrées dans le mouchoir de ma mémoire. La clé ouvrant l'au-delà des peurs est faite de souffle d'horizon.

« Voici cinq ans, nous nous sommes dit au revoir et non pas adieu. Y aura-t-il un jour pour se revoir ? Votre absence ou votre présence n'a peut-être plus d'importance. Pourtant, à chaque négociation faite sur le pont au change de l'esprit, je vous questionne. Les mots continuent, seuls, et forment un monologue.

« Vous m'avez dit d'aller et de ne jamais oublier ceci : je suis responsable de mon bien par la vérité de mon désir.

« Nous devons, tous, cesser un jour d'aimer nos parcelles d'êtres. Derrière le rideau de notre regard, nous trouverons toujours le même décor.

« Peu importe, puisque nous rejouons la scène. Défaire les attaches qui ne sont pas de satin. Délier l'"elle" du désir. Viens, j'ai relevé ton voile.

« Respire l'air aux parfums d'insouciance.

« Un jour je suis venue, un jour ne suis plus venue. Cela est normal. L'espace était libre en moi pour accueillir le chant du présent. Ce jour-là est le plus troublant, à la fois unique et convenu pour être le dernier.

« Je me demande parfois si vous aimeriez avoir de mes nouvelles. En vérité, depuis le dernier jour, cette envie est la mienne.

« Pourquoi étais-je là, face à vous, face à moi ? En écrivant, je reviens chez vous faire la balade d'antan, celle où secrets et vérités prenaient le frais avec nous. Que vienne le temps de rompre le silence et de se dire que l'on s'est bien aimé.

« Qu'avez-vous fait de tous mes mots, que faites-vous de tant de mots ? Sauve qui peut qui veut bien être sauvé.

« Tout commence et tout s'achève. Rien ne tient le temps, ni les souvenirs ni les regrets. Juste dire et laisser. Faire rire les enfants, laisser sourire les ancêtres et dégoûter les ambitieux.

« La force de ce jour est d'être unique. Ce qui sera dit ne se redira plus. Le sens étire, déploie le temps et ses reflets. En un éclair, nous sommes au pied du mur, et nous le franchissons. Les brumes de notre histoire se sont dispersées, et la vie prend un air de fête.

« Le mieux était le silence. Vous offrir un bouquet de fleurs ? Je n'ai pas osé ce geste solennel, le dernier mais surtout le premier. Je vins donc sans fleurs. Mais, dans votre regard, je laissai le reflet d'un bouquet absent.

« J'avais déjà fait parler mon cœur avec des mots. Je les choisissais. Ils ornaient le récit, le rendaient attirant. Ce que je suis venue chercher de vous, c'est de pouvoir être seule sans solitude.

« Un jour je retiens ma respiration et pousse votre porte. »

Comment savoir tant qu'on n'a pas appris ? Faut-il vivre embusquée, ou avoir des lunettes magiques qui font « voir beau » ?

J'ai un temps de trop attendu avant de comprendre que l'ombre approchante était celle de la maladie. La mathématique des dieux en fit un temps de moins.

L'histoire raconte fausses notes et grincements de dents, et appelle les larmes.

Devenir vaillant de la vie. Ne plus se plaindre.

La folie passe, elle me contourne seulement. Elle rend sensuelle la pensée qui découvre qu'elle habite un corps. Sur la tête de ma moitié d'ombre, je passai un contrat avec la mort. Elle engagea un tueur débutant qui a raté son coup. Ainsi, la mort m'a sauvé la vie. Les méandres du fleuve retrouvent les courbes de la terre.

Écoute la voix de ton cœur. Aime.

L'amour est sans raison. Encore moins le malheur. Faire autrement. Donner congé aux pensées qui attisent la souffrance et amènent les tempêtes.

Pour cela, je suis venue à vous. Maintenant j'écris. À chacun, à tous, à vous : je vous aime afin qu'il en soit toujours ainsi. N'oublie pas que je t'aime, toi, et toi aussi. Mots et regards. Que serait sans eux l'amour ?

« Et moi, tu m'aimes aussi ? », demanda Moa à son ami le clown Tagada. Moa avait réussi son numéro. Les spectateurs avaient les pieds dans l'eau. Il était tombé une pluie d'amour. Et ils ne pouvaient quitter le cirque sans s'être, tous, embrassés. Ils y sont encore, je crois.

Le monde devint ainsi un baiser.

Une virgule céleste

« Que veux-tu faire quand tu seras grand ?

– Plus tard, je serai poème », me répondit l'enfant.

Être poème.

Ravissons les mots, les phrases, les syllabes à ceux qui les rendent pauvres pour se les partager entre brigands. Je prends le présent simple. Se servir avec modération de l'imparfait, mais sans se croire plus-que-parfait.

Il y a un temps pour tout, disent L'Ecclésiaste et le Bescherelle. Jouir nue sur la page. S'enrouler voluptueusement aux pleins et aux déliés.

L'esprit, pendant ce temps, s'est fait virer la cervelle et se retrouve dans la marge à sommeiller d'oubli. Un enfant, assis sur une virgule céleste, se balance en chantant : l'instant est une jouissance sans retour ; il se pare d'une beauté nouvelle au jour qui s'éveille. Ce qui était hier s'efface. Pour se griser de liberté, il faut bien s'y connaître !

Une virgule céleste

Un rai de lumière passe par un regard et fait vie en l'autre : « Nous sommes devenus si beaux ! »

Écrire. Laisser sur la page se dénouer et prendre fin les fragiles rappels de ce qui fut.

Ainsi en témoignent les océans, qui viennent déposer sur le rivage des signes de ce qui n'est plus.

Être poème rend heureux !

Le chaos et l'étoile

À Sandrine, à Cindy, à N'dyan ;
À Pascaline, à Leila, à Soria ;
À Bachir, à Raphael, à Ian ;
À Alexandre, à Mohamed, à Olivier.
À vous qui avez souffert si tôt, que la vie vous soit plus douce. Je vous souhaite d'être aimés.

Apprendre à lire, c'est donner à lire. Dans une école, il y avait des enfants pas comme les autres. Ils étaient différents, cela était dit. Ces enfants ne savaient pas lire. Dans cette école, pendant des années, j'ai fait avec eux un chemin. Les mots étaient notre aventure. Comment apprendre si ce n'est « par cœur » ?

« Il faut beaucoup de chaos en soi, pour accoucher d'une étoile qui danse » (Nietzsche). Du chaos où se trouvait l'enfant, je l'entendais taire ses pensées.

Difficile est de défaire la menace de ses causes, si l'enfant pensait. Son intelligence s'emploie tout entière à n'être pas employée. Il n'apprendra pas à lire. L'enfant répond à la violence de la vie.

Sans affaiblir l'énergie de sa défense, sans éteindre la singularité de son intelligence, que je lui apprenne à lire. Voilà une des belles histoires de ma vie. J'ai entrepris ce fragile voyage en lui proposant un troc incertain : la caverne d'Ali Baba, contre B et A qui se lisent BA.

J'ai posé ma confiance sur le pouvoir subtil des textes. Comme en tout ce que l'on vise, pour atteindre sa cible, il faut avoir la conviction de toucher juste. L'enfant avait été sollicité par tous les stratèges et toutes les séductions. Vanités !

Comment libérer la pensée de l'enfant sans la clé des mots qui ouvre la porte de son cœur ? Si la Belle n'avait pas eu la bonté, la Bête serait-elle sortie de son enchantement ?

Cet enfant est chacun des enfants que l'on m'a confiés, et qui ne lisaient pas. Il ne le pouvait pas, et cependant il le devait. J'avais ces clés dans mon cœur, et dans mes yeux, fidèles vagabonds des émerveillements de la lecture.

J'ai posé sur ma table de travail un bouquet de mots. Trois d'entre eux sont des immortelles : *invention, communion, transmission*.

Complices, ils m'ont initiée aux enchantements du rapt amoureux, d'un nom, d'une phrase, de la syntaxe qui sauve de tous les naufrages.

La beauté est l'équilibre de notre parler. Nous en sommes maîtres et esclaves. Un texte vient caramboler la vie imaginaire, et nous sommes emmenés là où rien ne nous a été annoncé.

L'intensité évocatrice libérée d'un texte par sa forme, par ce qu'il contient, fait vie d'un désir chez celui qui l'ignorait. Désir venu à la rencontre de celui-là même qui le ramenait, du lointain de ses rêves jusqu'au bout de ses doigts, en signes lisibles, bleus, noirs, que l'on nomme encre, comme on aurait pu dire mer ou nuit.

Je me souviens des stratégies pour ne pas mourir de cette terrible traîtrise qu'est l'ennui. Je tenais ce qui n'était qu'une image en carton et me racontais la vraie histoire. Celle que je lisais sur le livre vivant des lèvres de ma grand-mère, surfant sur la crête des vagues qui, du passé simple au passé composé, me laissaient fascinée par tout l'or du sable et le claquement de sabres des pirates, mêlés d'étranges odeurs de gâteaux et de lessiveuse.

Celui qui écrit lit pour l'autre, et pose ce qu'il lui dit, juste au rebord de son libre rêve.

Voici l'enfant qui ne lisait pas. Les mots ne le savaient pas. Et pourtant, celui qui les faisait apparaître dans l'espace épargné de la phrase ouvrait un temps à l'enfant afin qu'il se repose :

« Être » ne signifiant plus « être abandonné ».

Toi l'enfant que j'ai si souvent vu assis sur ta chaise, de telle sorte que tu ne pouvais qu'en tomber alors que je te proposais cet inacceptable et sempiternel compromis avec les lettres. Elles n'avaient rien à faire ensemble, et rien à voir avec toi. Quel irrespect je montrais aux origines de tes blessures lorsque, dans un combat sans merci, je cherchais, avec la logique de tous, à te soumettre à la loi de B A qui se lisent BA !

Pardonne-moi de n'avoir pas écouté, alors, ce que je connaissais pourtant depuis le jour où mon œil me fit rentrer tout entière dans la rivière sans retour de l'histoire sans fin d'une histoire sans fin. Où, au gré de ces eaux miraculeuses, je voyageais, avec *Le Chercheur d'or*, *Moby Dick* et *Le Quartier vide*.

À mon grand-père Victor, pirate de haute mer. Cette histoire que tu aimais raconter, pour toi je l'ai faite rock'n roll.

C'était un soir. Trois brigands assis sur trois pierres attendaient à la croisée de trois chemins trois voyageurs qui devaient venir et qui ne venaient pas. Le chef des brigands dit : « Pedro, raconte-nous l'histoire que tu connais si bien mais que tu racontes si mal. » Alors Pedro se leva, cracha, se moucha et commença :

« C'était un soir. Trois brigands assis sur trois pierres... » Pedro eut alors un affreux trou de mémoire ! Il continua ainsi :

« Je croisai sur mon chemin quelque chose d'étrange, de vraiment très étrange ; ça avait l'apparence et la texture d'une femme et dispersa sur moi une senteur du style : je crève si tes bras ne deviennent pas mon écueil symphonique.

« C'était comme le fantôme de l'envers d'un décor, et je dus suivre une flèche qui avait été directement plantée dans mon cœur. »

La suite de l'histoire était cruelle, si cruelle que plus personne ne voulait écouter.

Pedro se rassit. Un des trois voyageurs était arrivé.

Il lui dit : « C'est toi, Pedro, celui qui raconte si mal. Ta légende est plus vraie que vraie. Tu ne m'as fait ni rire ni trembler de peur. Pedro, comment fais-tu pour rater chaque fois ton effet ? »

La danse des mots

Des mots parcourent mon corps, depuis leur naissance jusqu'au geste de la main. Aventure incroyable que celle des mots. Avec ces mots et la page qui les accueille, je donne vie à l'impatience qui se cache au fond de moi.

Des mots me viennent au bout des doigts, ils prennent corps, deviennent chair. Ils dévoilent ma vision.

De la réalité nous ne sommes que les ouvriers involontaires. Elle file dans le vent, et le monde la regarde passer. Elle agit en moi, par moi, autant que je suis agie par les effets de sa séduction.

Des mots me viennent au bout des doigts. J'aimerais écrire des chansons et faire danser chaque parcelle de l'univers.

Le serment de l'enfance

Ce que je serai au jour de ma mort est là, déjà, perce le désir, allume présent et lointain dans son sillage flamboyant : vivante, je serai.

J'ai dû naître orpheline. Par l'opération d'un « je ne l'ai pas fait exprès », ou par un mystérieux tour de passe-passe, un homme et la femme qui allait avec trouvèrent dans leur boîte aux lettres un livret de famille où il était écrit qu'ils avaient attrapé un alinéa. Père de…, Mère de… Ils en restèrent bouche bée. Ils n'ont jamais eu le temps de la refermer depuis et sont devenus des causeurs professionnels.

Tous les deux étaient si occupés que j'appris le langage du vent dans les feuilles d'arbre, celui des ombres chinoises, des craies de couleur et des objets de la maison.

Un jour ils se parlèrent et se dirent : « Bizarre ta fille ! »

Au royaume des sourds, les aveugles ne voient quand même rien.

Peindre, écrire, citadelles imprenables sur un territoire pour lequel ils se livraient à des combats amoureux. Aucun ne gagna, aucun ne perdit. De guerre lasse, ils se quittèrent. Il m'était impossible d'associer ces mots : désir, plaisir, homme, femme, père, mère, amour, écrire.

Désemparée, j'organisai l'évasion du désir.

Ne trouvant pas ce dont je l'avais privé, mon corps tomba malade.

L'écriture ne vint plus à ma main au moment où le désir et les mots, eux, se reconnaissaient.

Enfant, j'avais la certitude qu'en gardant l'amour secret je protégeais l'amour. Du serment que je fis, chaque ruisseau, chaque bout de branchage allant au fil de l'eau peut en témoigner. L'odeur humide de la terre. La fleur que je ne cueillis pas pour ne pas interrompre la caresse du soleil. Reflets de l'âme, ils passaient le gué.

Je retournerai là un jour pour dire que je n'ai pas trahi l'amour.

Le sens de rotation de la Terre

L'artiste féconde le mouvement du monde et dévoile sa beauté. Chacun de ses gestes est une multiplication dans l'infini. Si son corps ne répond pas, que fait-il de son pas de danse, des couleurs, de sa sonate ? Métamorphoses subtiles.

L'arrêt de mon corps m'a ouvert des terres vierges où puiser la beauté dans le sol fertile de l'amour. Forces mystérieuses, qui donnent vie à l'écho, aux reflets, aux vents chauds des pensées. Avec ce que laissent les brigands de grand chemin, il est facile de faire un autre voyage.

Je rassemble mon énergie. Je prends mon corps. Et renvoie ma vie à la vie. Sinon, on serait déjà tous morts. Croit celui qui veut croire.

Il y a mille raisons, sans cesse, de mourir.

Qui les dit ? Alors ne donnons pas raison à n'importe qui. Viens avec moi. Accompagne-moi sur cette crête d'où l'on voit les hommes devenir arbres, ruisseaux, biches, merveilles, mistrals gagnants, roudoudous, femmes enceintes.

Je ramasse mon énergie, et je fais des rêves. Je rêve que tu attends un bébé, et tu attends un bébé. Je rêve que le soleil est là, et le soleil vient saluer tous les enfants à venir.

Quelle belle vie ont les mots ! « À venir, avenir, avant, à vent, aven. » J'aimerais être un mot. Le premier. Le dernier. Celui avec lequel on se réveille. Celui que l'on change avec le courant de la vie mais qui reste éclatant : fait des mille éclats de rire qui carillonnent au grand bastringue où tous nous aimons aller danser.

Je cueille l'énergie du monde directement à l'arbre de vie. Le temps de tourner en rond est terminé, finies, les ritournelles. Voici l'immense ligne droite, dépourvue d'arbres et d'ombre fraîche. Ne jamais sortir de l'enchantement de la vie. Seul choix, seule illusion. Sans cette ultime liberté n'est réalité que l'espace clos de la douleur.

Je ne crois pas que je souffre, je ne crois pas à la maladie, je ne crois pas au malheur.

Je prends l'énergie comme je la reçois.

Énergie elle est. Riche d'elle, riche de moi.

Pure comme elle est venue, pure je la renvoie, dans le sens de la rotation de la Terre...

Et la Terre tourne.

Une petite histoire de cellules

Je me suis demandé un jour où était placée, non plus sur un schéma mais sur moi, la partie malade de mon cerveau. Où vivaient en moi ces cellules malades. Je me suis assise et j'ai palpé ma tête de mes mains. Puis j'ai regardé dans mon cerveau.

J'ai appelé mes cellules et je leur ai demandé où elles étaient, et qui était qui. Qu'on se connaisse un peu !

La réponse fut belle, le message clair. Je vis dans ma tête tout un champ de pâquerettes éclore sous mes yeux. Pas une n'était fanée. Merci, cellules fleurs !

Une erreur s'est glissée dans notre perception. Voici : bonheur, plaisir, santé, douceur, amour. Et aussi : malheur, douleur, maladie, souffrance, solitude. Est-ce ainsi que les hommes vivent, voulant l'un, ignorant l'autre ?

Leurs yeux ne se posent que sur des vérités en éclats. Ce presque-tout invisible est la chair de la création ou la carcasse des déjà-morts.

Où commence l'un, où finit l'autre ? Je ne vois nul point de départ, ni d'arrivée, ni même la trace de quelque chose. J'avais pourtant bien dit à l'enfant de ne pas souffler trop fort sur ses bougies d'anniversaire. Il a dispersé l'illusion du monde.

Une est cette énergie. À saisir, à jouir, à relancer, à utiliser, à transformer : vivre.

Manifestée, incarnée, par et en l'homme, mystérieuse et non dévoilée. Par nos corps reliés elle forme entre nous tous notre histoire d'hommes au cœur d'un système parfait et complexe. Entend-on parler de carambolages dans l'espace ? Et cette terre, généreuse, offerte.

Magicien, que ton spectacle est beau ! Je suis venue avec l'enfance et je suis restée.

La boxe des mots

Je prends les mots avec des gants, parce que j'ai besoin de leur violence pour désigner la violence.

J'ai besoin qu'ils frappent afin qu'ils ne fassent plus de victimes. J'ai besoin de leur exactitude pour que tous ceux qui ont leur mot à dire n'en balancent plus à laisser des cadavres derrière eux.

Être malade, c'est être resté longtemps dans un malentendu. J'ai écouté un langage que je n'ai jamais compris. La maladie est venue remplir le vide car, n'ayant pas l'ombre d'un doute sur le sens premier des mots, je n'allais jamais voir, derrière le sens, si j'y étais.

Il faut un temps pour nos larmes.

Scène 1
Ce n'est rien. Il y a beaucoup plus grave. Ne pleure surtout pas. Maman va t'acheter un sucre d'orge. Ce n'est pas du sang, c'est du

rouge. Il n'a pas mal ce grand garçon. Il est tout petit son gros bobo. Tu es presque un homme, ça ne pleure pas un homme ! Oh, regarde, un papillon qui passe !

Scène 2
Tu es malade ? Tu vas donc guérir. Du concret, enfin, dans ta vie. On peut la raconter avec un présent et un futur : « Peut aller mieux. »

Scène 3
On t'a laissé le temps ; là, on fatigue. Quand tu étais bien portante, candidate à la maladie, c'était finalement plus clair : « Je peux te guérir, qu'est-ce que tu crois ? Il te suffit d'y croire ! » Un de plus qui vend sa marchandise et me fait faire tout le boulot. Mais c'est quoi, cette fille ? Depuis qu'elle est malade elle ne s'est jamais aussi bien portée.

Pauvres gens, quel malheur ! Perdre un enfant, perdre son amant, perdre son frère, sa sœur, on ne doit jamais s'en remettre.

Un an plus tard. Normal, il faut deux ans pour faire le deuil. Ils l'ont dit dans le journal.

Deux ans plus tard. Ils pourraient penser à ceux qui restent. Il est mort, il est mort. Ils ne le feront pas revenir.

À vous qui avez un mort serré contre votre cœur, je dis que vous avez le droit de ne plus jamais être vivant parmi les vivants. Rien ni personne, ni le temps ne comblera cet abîme.

L'être ne se remplace pas. Ne pas perdre sa douleur est le lien par-delà la mort. La douleur seule soulage de la douleur. Il n'y a que les larmes pour user les larmes.

Laisser la douleur être la douleur. Laisser la maladie faire son travail de maladie. Il y a de la place pour tout le monde, chez les vivants comme chez les morts. C'est une question de mots, c'est un point de vue. À chacun sa vérité, et Dieu pour tous.

Désormais je refuse les mots d'amertume et de meurtres par omission.

Désormais je refuse l'ancien sanglot qui à chaque génération revient et ravive la plainte.

« Non, non, ma fille tu n'iras pas danser.

« Va, tu peux te noyer. De mère en fille la règle est sans merci. Femme, tu ne seras pas.

« Filles de nos mères nous sommes, et nous le resterons. Ainsi soit-il. »

Désormais je refuse l'histoire de celui qui reste, face au trou creusé par sa plainte, à attendre que quelque chose se passe sans voir que tout ne sera que recommencement.

Quand je sentis quelque chose s'animer en moi qui n'était pas moi, j'ai mis ma vie en grève.

La squatteuse a trouvé la place libre. C'est écrit dans le code civil sur les habitations inoccupées. Depuis j'y fais venir les copains, et on fait une java d'enfer pour que la demeure de ma vie ne soit pas vide. Pour le moment, chacun est plus ou moins content. Même la squatteuse. J'ai dû reconnaître la réussite de son OPA, mais il reste clair entre nous qu'elle est minoritaire en actions.

Jamais je ne lui donnerai ma procuration et, si je dois m'absenter, c'est à la polyphonie amoureuse, à tous les joyeux de la vie que je me confie.

Le royaume sans portes

C'est la peur. Peur de jeter l'autre en son âme sienne.

C'est dire le contre du cœur. Séparer en deux ce qui n'existe pas.

Si l'on meurt rarement en bonne santé, au moins mourons vivants. Les mots sont durs à utiliser. Il s'agit de vérité. Il s'agit d'exactitude.

Les enfants gâtés jouent à faire semblant que tout leur est égal. Non seulement ils s'ennuient et ne veulent pas le voir, mais ils freinent le désir. La souffrance est reconduite au menu du lendemain et, si l'on reconduit toute l'histoire, voilà ce qu'elle dit :

« Souviens-toi, mère, je suis née de ton corps. Puis je me suis séparée de toi. Je ne suis pas toi. Ni à toi. Tu peux me regarder, tu n'es pas en danger. Je ne suis pas à perdre. Pourquoi troubler l'enfance en changeant de son monde les vérités ?

« Pourquoi s'éteint le merveilleux où tout était lumière ? Tu as craint de glisser de la margelle d'où je te regardais. Je suis allée apprendre ce monde inconnu. Tu n'as pas eu à sortir de l'enchantement. En peignant, c'est toi qui le rendais vivant. Il était juste sans moi. Ce soir, j'irai danser. »

J'ai pris une drôle d'embarcation. Ça fuit de partout. Mon corps est troué. Je ne vois plus de ciel. Je cherche dans mes poches l'ange de secours que j'avais pris par précaution. Mais on a dû me le piquer pendant que je souriais aux gens heureux. L'ignorance m'a fuie dans les veines.

J'ai paressé longtemps à l'embrasure du temps. Le masque ôté m'a arraché la peau. L'attente altère mon ardeur, le secret garde son secret.

Je dois trouver peau après peau le point où tout repasse, et ne plus y revenir chaque fois que je sommeille, chaque fois que je m'éveille. Quand pourrai-je m'absenter de la présence et laisser place au repos ?

Comment savoir que tout est long ?

Car mon ange marchera devant toi !

Je plaisantais pour l'ange, il ne se laisse pas voler. Il ne peut être volé. À chacun son ange. Celui chargé de ma garde est tête en l'air

– pour un ange c'est bien normal. Il oublie souvent de se réveiller pour les changements de poche. Alors on l'attend. Certains disent même : « Un ange passe » ; « Elle avait pourtant l'air d'un ange ». Qu'est-il donc, l'air qui fait l'ange ?

Tout va bien. C'est dur de regarder la maladie. Comme de comprendre que je salue Marie : « Je vous salue Marie, le fruit de vos entrailles est béni... »

Acceptez que je vous invite, ce soir, à danser. Vous serez surpris. Venez tous. Allez, éclopés du ciel, de la terre, des océans, de la lumière et des ténèbres, une grande valse vous attend !

Le souffle de la vie y marquera les trois temps. Le temps d'attendre, le temps de voir, le temps de rendre.

Le royaume des cieux n'a pas de portes afin que personne ne puisse dire qu'elles sont fermées.

Je ne me rendrai pas au jugement dernier. Je suis absoute. Je demande aux vents, aux astres, à toutes les vies à venir de me croire sur parole.

Parlons. Je ne veux ni savoir ni avoir. Et protège le mystère. Je n'y vois qu'un voile. Et le laisse insoulevé. Je n'y vois que des pas. Et les laisse aller. Sans savoir ni vouloir. Je ne

vois rien du terrible, puisque je n'y vois pas.
Et laisse aller.

Si je cherchais à savoir, le doute révélerait
son existence et ma vue en serait assombrie.
Je perdrais l'innocence à rester ici. Comme
déposée au creux du repos avant le temps.
La confiance est venue à moi par l'intime
conviction, elle-même venue par la confiance.
Vide de la peur des peurs.

Le petit matin

La nuit je souffre, mais au petit matin je suis là. Ma vie est sauve. Chaque nuit me fait accoucher de la vie. De ce que j'ai en partage avec vous.

Je vous remercie d'être là avec moi, vivante parmi les vivants. Je remercie le petit jour d'être là, et nous nous levons ensemble.

Je remercie mon corps d'avoir une tête plus dure que la douleur.

Je remercie ma grand-mère d'être une Bretonne.

Je me remercie de tout ce que je fais pour moi.

Jusqu'à présent ça marche.

J'entends une prière du près et du lointain. Elle traverse le monde, me traverse, puis repart.

Elle est l'unisson.

J'entends ceux qui n'entendent pas cette prière et que la souffrance traverse.

J'entends, corps unique, corps blessé, corps absent à l'appel, corps donné à voir.

J'entends le froissement de l'âme, le poème de nos sens, odeur du ciel, bruité de silence, frisson du temps.

J'entends s'ouvrir un rêve. Quel que soit mon corps, quelle que soit ma douleur, je suis de toutes les évasions, car évadée déjà j'étais dans le ventre de ma mère.

Dans chacune des étoiles, je vois tes yeux, mon Amour. Tout un ciel fait de ton regard. Et peigne, fil de soie après fil de soie, leur chevelure d'air.

Défaire le temps. Le laisser glisser. Voir sa durée voler en éclats. Ne plus rien faire. Le perdre sans détours puisque seuls ces mots, comme tu les dis, ne seront jamais passés, jamais à venir.

Le temps se pare de reflets qui s'enlacent dans une valse incertaine. Chacun jouera pour soi, puis la mémoire de soi s'effacera dans son sillage.

Les trois inséparables

Sur les pages de ce livre, j'ai déposé ce qui me semblait s'appeler espoir, courage, désir. Ces trois mots sont des inséparables. Pendant que j'écrivais, le seuil des dix ans et de ses noirs augures est passé. Comme le vent.

La maladie est à l'homme ce que les catastrophes naturelles sont à la terre. Le désir, la constance luttent et rebâtissent après les tempêtes, quand la mer ronge les bords de la terre. Pendant ce temps l'homme vit, aime, rêve.

Ainsi, je continue à vivre, aimer et rêver.
Les chemins sont plus longs. Je sens les pierres rouler sous mes pas. J'aide mon corps à trouver chaque jour des solutions, des ajustements.

Tant que dure un état, il ne peut faire un passé. Pourtant il y a un temps où tout ce qui a été s'efface, et où l'avenir ne viendra que plus tard. Ce temps est l'étincelle qui m'éclaire, allant d'étoile en étoile.

Voici le message laissé par mes cellules le jour où j'ai ressenti matière vivante mon cerveau. Si les cellules peuvent décider de leur destruction, la réversibilité est une loi de nature.

J'ai pensé qu'il fallait leur donner une vraie place dans ma vie. En se faisant champ de pâquerettes, n'attendaient-elles pas mon attention pour éclore ?

Quand je danse, elles dansent.

Quand j'écris, elles écrivent.

Tant qu'elles vivent, je vis.

La journée était sereine et gardait ses mystères.

La vie comme cavalière

Ricochets

Il y a vingt-trois ans, mon corps a commencé à perdre de sa souplesse, mes gestes sont devenus plus lents et ma main s'est mise à écrire difficilement.

J'ai dû apprendre à vivre avec la maladie, à voir autrement, à habiter les lieux du présent, à ne pas errer avec le malheur. La maladie n'était pas souveraine.

Parkinson Blues a déjà dix ans. Ce livre s'est refermé sur des pages de ma vie, d'autres s'écrivent.

Je lance des mots comme je ferais ricocher des pierres de rêve. Je traverse l'étendue sans fin de la maladie, espace invisible, île d'aucune mer, selon un itinéraire ignoré de toute carte. D'un coup d'épée déchirant les certitudes, j'entaille l'écorce de l'au-delà.

Dans le théâtre d'ombre et de lumière, au jeu de la souffrance, l'esprit suit le fil où les mots se rejoignent.

Une étoile qui danse sur le chaos

Prendre ses fringues et se tirer
Laisser dentelle, soie, fourrure
Quitter la cour des princes
Faire le tour de la terre
Revenir là où depuis toujours
La place est libre parmi les seigneurs
Du cœur.
Pourquoi craindre ce court instant
Quand vient la mort, elle est tant pressée
Que nous oublions qu'elle est déjà passée.

Le périmètre de liberté

Dans un hôpital, pendant plusieurs jours, on a méticuleusement examiné mon cerveau. Assise sur le bord du lit, j'attends depuis plusieurs heures qu'un diagnostic me soit donné.

J'ai la désagréable impression qu'il se situe entre le pire et le moins pire.

J'ai effacé les mots pour que rien de ces instants ne soit retenu. Dire et écrire sans revivre la tragédie. Comment suis-je passée du jour au lendemain, de bien portante à malade à vie ? (Pas à mort, la maladie de Parkinson ne fait pas mourir. Elle rend juste malade à temps plein.)

Est-ce une erreur ? Une blague, peut-être ?

La maladie ne peut pas, comme ça, entrer dans une vie si jeune. Comment ce petit truc, cette gêne de la main pour écrire, m'a fait réussir le casting du rôle principal pour une série sur les grands malades...

Ce n'était pas pour rire. Une onde de choc me traversa.

Une faille s'est ouverte sous mes pieds. J'ai vu, sur les parois qui me retenaient, des ombres du passé.

Autant d'images heureuses et malheureuses, comme attachées à ce que je croyais être la substance de la vie. Protester ? Pleurer ? Plutôt établir mon périmètre de liberté.

Vivre, et que la maladie ne me colle pas à la peau.

Vivre, et l'accepter dans ma peau.

Vivre sans vouloir autrement.

Vivre et voir autrement.

Sur la ligne brisée du bien et du mal, je ne vois pas, je ne sais pas ce qui est le bien, ce qui est le mal. Je ne vois que la prison des préjugés.

La valse des nouvelles

Bonne nouvelle, les mauvaises nouvelles font la grève et tant pis pour les amateurs de chiens écrasés ! Elles sont sorties de l'écran de télévision pour aller embrasser ceux qui assis sur leur canapé pleurent à cause d'elles. Comme mes voisins qui, à chaque bulletin d'information sur la Bourse qui baisse, voient la maison de leurs rêves devenir de plus en plus petite et le jardin disparaître !

J'ai pris la vie au pied de la lettre.
J'ai fait l'amour au pied du mur.
J'ai pris mon pied la main dans le sac.
J'ai cru dur comme fer
Que tout était à faire.
J'ai atterri droit en enfer.

Donne-moi ta main et prends la mienne, l'école est finie, l'école est finie ! Nous ne sommes pas « des parkinsoniens » ! Brûlons nos masques de carnaval. Remontons aux sources lentes baigner nos corps blessés.

Toi qui me demandes. Toi qui te questionnes. À tous les « pourquoi », je t'invite à venir sur les marches du temps écouter le chant du présent.

Et même si nous ne pouvons plus bouger de cette marche, les parfums déployés quand l'été est de pluie, les frissons d'ailes dans l'air arabesque, les chemins d'étoiles fuyant dans la nuit, de la terre au ciel, du ciel à la terre, ce qui est là, est là pour toi.

Après *Parkinson Blues*, j'ai parcouru des kilomètres et des kilomètres en longueur, en hauteur, en profondeur. Le livre est devenu une longue conversation avec ceux qui croisent la même route que moi.

Belles, profondes et douloureuses correspondances où s'entrechoquent foi et doute, joie et angoisse, force et fragilité. Fidèles amitiés, souvent au visage inconnu mais à l'émouvante présence au-delà de l'espace virtuel d'internet : « …Votre histoire m'aide à mieux comprendre la mienne et à en voir tout le positif… Aider sa propre vie comme on aiderait une âme amie... »

Pour tous, la révélation de la maladie est un effondrement et un effroi. Comment pourrait-il en être autrement, quand on la sait évolutive, dégénérative, quand on la sait « laide », « un parkinsonien » n'est jamais beau avec ses grimaces, sa marche à petits pas, son regard fixe.

On sait qu'on ne sait pas la guérir. On sait qu'aucun traitement n'accorde de vrai répit à ce corps blessé. Nous ne connaissons plus l'absence de souffrance, l'oubli de la douleur.

Et pourtant il y a la vie. Pleine de ce désir d'elle-même.

Cette vie en nous qui ne cesse de jouir avec la splendeur des crépuscules, le roulement des vagues. Nous regardons le monde. Nos yeux voient, nos oreilles entendent, notre cœur respire sa mystérieuse totalité. J'ai déposé les armes et ne combats plus ce qui vient me prendre chaque jour un peu plus.

Il y aura toujours quelque chose en nous de la promesse de la vie.

La vie funambule

Sur le fil tendu au-dessus du vide, l'équili-briste, au-delà des peurs, a sa beauté incluse dans l'univers. À ce moment, c'est à la vie qu'il lance un appel.

Un cri d'amour. À la vie, beauté de la vie nue.

Si la nuit noire descend et parfois me pénètre, je dessine un grand soleil au rebord de mon âme.

Fugace, virevoltante, elle n'est pas sous mon lit.
Familière, oubliée, elle n'est pas dans ma poche.
Soyeuse, arabesque, elle n'est pas au bistrot.
Elle traverse les murs de pierre.
Creuse dans le métal de l'invisible.
Ouvre le ciel au jeu des étoiles.
Elle fend la terre, la saisit de beauté.
Ensorcelante, sauvage, illimitée
Est la lumière.

La lavandière

« Mon Dieu faites que le jour de ma mort je sois vivant. » Winnicott.

Qu'on ne touche pas à la magie de vivre !

Enfant, je vivais dans une maison aux murs recouverts d'un vieux crépi rose, où grimpait un chèvrefeuille. Elle avait une fenêtre qui lui faisait comme un œil tout rond. C'est de là que j'aimais regarder le jardin. Les jours de vent, je ne comprenais pas la colère des feuilles qui se mordaient entre elles.

Mon père, qui vivait au loin, me manquait. Quand je me couchais, la maison se prêtait à le faire apparaître. Il était là dans un coin de ma chambre et me souriait. Je lui souriais aussi et lui envoyais des baisers.

J'avais deux autres amis.

Le ruisseau au bout du jardin, où mes bottes d'enfant prenaient l'eau de mes rêves, et Virgine, la lavandière du village.

Virgine était tout simplement bonne. Elle aimait.

Elle habitait de l'autre côté du ruisseau et quand elle allait au lavoir, je savais qu'elle était là au bruit de son battoir et je courais la rejoindre.

Elle disait : « Ah, on est heureux ! »

J'aimais le jeu des draps blancs dans l'eau, l'odeur du coton mouillé, le geste de sa main.

Quand elle remballait tout dans sa brouette, son corps était tellement voûté qu'il formait un angle droit.

Je l'accompagnais à la porte de chez elle mais elle ne me faisait jamais entrer. Elle avait, je pense, un secret.

Un jour elle me dit : « Viens demain manger chez moi ! Dis à ta maman que je t'invite. » J'avais cinq ans et ce que j'ai reçu, avec ce repas, est entré dans mon cœur d'enfant. Elle était pauvre et elle avait seulement des coquillettes au beurre à m'offrir. Chaque cuillerée contenait une part de ciel qu'elle amenait à moi.

Ce jour-là, je compris beaucoup. La bonté était naturelle. Virgine me voyait. Cela suffisait à tout. Quand ma vie a volé en éclats, c'est ce ciel-là que j'ai ouvert en grand.

Et j'ai abandonné ce qui m'abandonnait. Du lieu du cœur où elle demeure, cette phrase m'est douce à dire.

« Ah, on est heureux. »

Faut que ça swingue

La maladie est là depuis si longtemps.

Pourtant en moi, quelque chose va en grandissant. Chaque parcelle de vérité veut toucher le Mystère au pied d'une échelle sans barreaux.

Je marche vers ce qui s'éloigne quand je m'approche là où, insaisissable, la poésie est la seule nourriture de l'esprit.

La pierre à idées transperce le monde
Place l'ange et le guerrier
Et incendie les âmes
Je regarde le ciel étincelant
Devenir pépite d'or et de lumière
Je suis arbre, source et rêves d'homme.

L'esprit est ce royaume, qui d'une piqûre de rose tombe endormi et attend le baiser d'un prince pour s'éveiller d'un long sommeil.

Dans ce royaume, il n'y a pas de durée au temps de l'esprit. Il est une profondeur. De ma fragile embarcation je regarde s'écrire mes rêves. Les mots, dans leur grâce, se plient et se déplient au gré des saisons.

Une histoire, sans histoire et sans idées. Les larmes du ciel. Glisser sur le fil de l'air. Dormir dans l'épais manteau du monde. Je dessine un avion pour aller plus vite, traverse les siècles et m'installe dans plus tard.

Je vois quand dans nos jeux d'enfants, nous disions que là, sous l'arbre, c'était la boulangerie. La terre et le sable faisaient farine et levain. On jouait à dire que ce que nous goûtions étaient de vrais gâteaux. Et nous recrachions du sable et de la terre.

Comment se représenter cet âge de la vie avec une maladie incurable ? Le bonheur est là. Bonheur aux attaches volatiles, il recouvre nos âmes nues d'un parfum d'ivresse comme la rose participe à l'illumination de l'aube.

Soleil et rosée, un éclat du temps simplement. Chaque jour une rose éclot, se fane, meurt, et ne demande pas pourquoi. Comment vivre, quand tout de l'être roule dans l'abîme, emportant habitudes, préjugés, peurs. La peur cloue au sol. La panique oblige à bouger. Que tout bouge. Tout de suite. Vivre, c'est être vivant avec les autres.

Cette maladie embarque mes enfants, mon homme, ma famille, mes amis, mon métier. Ce que la maladie de Parkinson comporte d'inconnu pèse lourd dans le cœur des aimés.

Cela, je le refuse.

Femme, mère, amie, j'étais.

Femme, mère, amie, je suis.

Pendant dix ans, j'ai regardé le ciel, aimé les étoiles, remercié la terre, planté des arbres, respiré les parfums.

J'ai ri, parlé, marché et protégé l'amour.

En écrivant *Parkinson Blues*, je sentais sous mes doigts la jouissance du langage. J'ai posé le poids des mots pour rendre au monde sa beauté. Sous la voilure de mes paupières, des mots d'union intime et charnelle firent swinguer la lumière avec le ténébreux.

Les chemins de traverse

Dans le petit village de mon enfance, les enfants pouvaient aller seuls à l'école car les quelques rares et précieuses automobiles ne servaient qu'à la sortie du dimanche.

Les enfants de ma rue, la rue de la Colline, passaient tous par la route goudronnée en marchant en plein milieu.

Si j'allais avec eux, je n'arrivais jamais en même temps qu'eux à l'école.

D'abord, il y avait le pont.

Sous le pont, la rivière.

Et sur la rivière, le lavoir.

Si Virgine était là, j'enjambais le parapet, m'accrochais à une ferronnerie et je faisais le cochon pendu.

Quand elle m'apercevait, soudain, la tête à l'envers, elle sursautait. Et cela me faisait tellement rire que chaque fois je manquais de tomber dans l'eau. Elle m'aidait, tant bien que mal, à remonter sur le pont. Virgine me faisait alors promettre de ne plus recommencer, et pendant quelque temps je prenais un autre chemin, puis oubliais ma promesse.

Je traversais les jardins, les prés en friche, et la cour de la maison des frères Dague.

Les frères Dague, c'étaient les voyous du village. Je les aimais parce que personne ne les aimait. J'avais de la peine quand je n'entendais dire que du mal d'eux.

En vérité, si je les aimais c'était parce que eux non plus n'allaient pas à l'école et que je pouvais m'arrêter jouer avec eux.

Quand j'arrivais enfin à l'école, je ne comprenais pas que mon institutrice se fâche.

Il y avait tant de choses sur le chemin de l'école !

Il y avait surtout la vie... Et je la vivais.

Je suis arrivée en retard pour la dernière fois, ce jour de printemps où les mots ne m'ont plus été que de simples étiquettes sorties d'un chapeau et attribuées aux choses d'une façon aléatoire. J'ai compris ce jour-là le lien entre les lettres, les mots, les phrases.

Les mots existaient selon un ordre logique, inséparable de leur sens.

C'était déjà l'heure de la récréation quand je franchis le portail de l'école avec dans les mains un bouquet de pâquerettes, cueillies à travers les prés. J'allai les offrir à ma maîtresse.

Et parce que c'étaient des pâquerettes, un seul mot, jusqu'alors pièce d'un puzzle en désordre, en l'entendant prononcer, révéla en moi l'ajustement nécessaire.

« Sais-tu pourquoi on appelle ces fleurs des pâquerettes… parce qu'elles poussent dans les champs à Pâques. »

C'est en passant par des chemins de traverse que je découvrais l'envie d'aller à l'école y apprendre pour comprendre.

La loi des transformations

La fenêtre borde un bout de ciel d'un bleu presque blanc. Le soleil a une lumière métallique.

Des gens marchent sur les trottoirs. Ils précipitent leurs pas et remontent le col de leur parka. L'hiver semble être là. Je vais de pensée en pensée, assise à écrire. Et cette question en moi rompt le barrage du silence : « Que serait ma vie, sans la maladie ? »

Depuis toujours je pose la question autrement : que serais-je devenue, si je n'avais pas appris d'elle la loi des transformations :

Celle de la maladie qui abandonne une part d'elle au devenir de la créativité, celle intérieure, où mon cœur ouvert à tous les vents entend la mélodie du monde et retrouve l'Oublié.

J'entends ces paroles, toujours nouvelles,
paroles de vérité, quand l'homme qui les dit,
les dit à cet instant, à moi, à moi seule :
« Tu es la femme de ma vie. »

J'ai su cela ce jour de terreur où je t'ai appris ce que la maladie venait de décider de mon avenir.

Tu as pris ma main d'âme à âme et répondu que nous irions au-delà du mortel.

Tu m'as montré que des terres sauvages inconcevables s'ouvriraient devant nous où nous inventerions une autre vie.

Tu m'as parlé de victoires et non pas de défaites.

La peur perdait sa matière.

Une force inconnue a brisé en moi une serrure. Celle qui me séparait de l'émotion de vivre.

Ce serait l'histoire d'une personne qui a peur. La nuit elle ne dort pas et tremble au moindre bruit, craignant l'intrusion de voleurs dans sa maison. Dans la nuit, effrayée par ses propres peurs, elle en vient à souhaiter que des voleurs viennent, une bonne fois pour toutes, et leur dire : « Ah, je vais enfin pouvoir dormir. »

Nous cherchons l'équilibre d'une vie sur le mouvement du monde et ce que tiennent nos mains tombe en poussière. La sève du Mystère sort de ses flancs une fleur de vie, pendant que la terre se courbe, casse sous les tempêtes.

Il y a des corps pliants,
Des corps pratiques
Sans mémoire
Sans histoire
Ils passent, épargnés

Il y a des visages parfaits,
Des visages clignotants
Sans rien d'ombre
Sans rien qui tourne
Ils passent, pour passer

Il y a des gens amoureux,
Qui mettent des fleurs
Dans les cheveux de l'aimé
Sans rien dire
Sans compter
Ils passent et ils aiment

Il y a des vies bosselées,
Des vies de travers

La loi des transformations

Sans cheveux d'ange
Sans barbe à papa
Ce sont des vies
Que l'on sent passer

Il y a un temps lâché,
Un temps pour s'en foutre
Avec les yeux pleins de paillettes
Et un cornet de rêves
On le prend comme il est,
Tout défroissé.

Le désir messager

Je bois et le verre reste en suspens. Ma main s'est arrêtée dans sa trajectoire. Je marche et mes pieds s'embrouillent, piétinent et n'avancent plus. J'aperçois dans le regard de celui qui croise ma route cette interrogation, ce malaise que mon corps fou suscite.

Qu'est-ce que la différence ? Où commence la différence ? Comment la vivre ?

Face à un adversaire invincible, je mène un autre combat. Au sentiment d'injustice et de fatalité j'oppose ces paroles : « J'ai une maladie » et non « Je suis malade ». Ce combat me laisse la vie, mon être n'est pas malade. La victoire est celle intime et spirituelle de l'esprit.

Je marche mal, parfois pas du tout... Pourtant chaque jour se lève une lumière qui éclaire mon âme. Une force bat en moi. Force à aimer, à partager, à désirer, à rêver. Le désir porte les messages de la vie.

Le désir messager

Le présent s'agrandit au-delà des murs de la maladie. L'esprit traverse les transformations au cœur de la vibration continue du monde.

Sur la corde de l'être, un son répond à l'appel du poète. Porté par l'écho, de vallées en montagnes, de forêts en déserts, il est le soupir qui s'écrit sous sa plume.

Faire battre le ciel

J'ai connu un homme qui cueillait le ciel.

Les soirs d'été, je m'asseyais près de lui, sur le sol argileux. Je le regardais lancer son las d'un geste ample qui glissait sur l'eau et ramenait le ciel vers lui.

Il répétait ce geste, effleurant l'eau de mer retenue dans des petits bassins, bordés par d'étroites allées d'argile. Ainsi se ramasse le sel de mer.

Travail méticuleux du paludier, aux lois soumises à celles de la nature. Juste équilibre de la quantité d'eau de mer dans les salines. Évaporation, œuvre du soleil et du vent. Inclinaison précise du soleil à la fin du jour. Le paludier joue avec chacun de ces éléments. Le crépuscule enflamme le ciel, se reflète en centaines de petits miroirs sur la saline.

Le ciel descend sur terre. Je regarde émerveillée le paludier ramener le feu du ciel au bout de son bras.

Je ne me souviens pas de nos conversations, mais je me revois l'écouter.

Écouter mon cœur battre au rythme des mouvements du ciel.

Terre Eau Ciel
Ne scintillent que de l'autre
Seule cette lumière
Qui déjà m'éblouissait.

Solde le compte

J'ai exercé mon métier dans des centres psy-
chopédagogiques, aussi n'ai-je pas mis en
doute la parole du psy à qui j'ai tout de suite
demandé de m'aider.

Il m'a dit que les chocs émotionnels étaient
autant de traumatismes qui généraient des
maladies.

Nous avons, lui et moi, remonté une mémoire
comme un fleuve tumultueux.

Nous avons pu nous reposer et mettre pied
à terre après quatre années de sueur, de larmes,
de plongeons et de remontées à l'air pur.

Je sentis un jour quelque chose qui se déchi-
rait et qui, en moi, disait : « Plus jamais cela... »
Détresse et solitude, laissées depuis l'enfance,
venaient encore me faire mal.

Ce jour-là s'est refermée mon histoire
ancienne. J'ai pardonné.

Tout au long de cette recherche sur ce qui
avait fait de moi une candidate à la maladie,

j'ai vu combien ceux qui nous ont façonnés ont eux-mêmes été façonnés.

Jugements et remords appartiennent à un passé qui s'est ainsi conjugué et ne pouvait l'être autrement. Nous sommes différents à nous-mêmes chaque jour de notre vie et « si on avait à le refaire... » ne se refait jamais.

Il n'y a pas d'autre choix à la maladie que celui du sens.

Et à la vie, que celui d'aider la vie.

À mon père, à ma mère, je laisse les ombres du soir et garde les moments heureux.

Je rends à l'oubli ce qui sera sans trace.

Je garde l'amour précieux et extravagant, parsemant mon histoire de magie et de beauté.

Cet héritage, je le laisse malgré moi à mes enfants, fait de joie mais aussi de souffrance.

Ainsi se construit le souvenir. À l'instant d'après, il devient un récit à la vérité de chacun. Nous ne construisons qu'un roman du passé. Le souvenir n'est commun avec personne.

Le festin du père

J'ai longtemps cru que le caviar se mangeait à la main et que le rince-doigts était une boisson. Pour le caviar, mon erreur n'a jamais eu l'occasion d'être contredite. Mais boire le rince-doigts me valut pas mal de moqueries.

Je tenais ces croyances d'un jour de janvier où mon père était venu me chercher à la sortie du lycée. J'étais en classe de seconde et j'avais eu sport l'après-midi. Mon père était là. Ce n'était pas prévu, aussi j'étais toujours en tenue de gymnastique.

Dans la voiture, il dit joyeusement qu'il m'emmène dans un très grand restaurant. Et rajoute : le plus grand à Paris. Il est déjà ivre et je pense que ça va être « chaud ». Le programme est loin de me ravir. Ce qui déçoit mon père.

Lui qui pensait me faire plaisir, il ne voit pas à quel point je suis mal à l'aise d'être ainsi habillée et pas coiffée. Il conduit et se rapproche de la rue Royale. Cauchemar. Nous sommes devant chez Maxim's.

C'est là qu'il a réservé une table.

Nous ne sommes pas accueillis avec le sourire, il n'est que 18 heures et le service n'a pas commencé. Mon père n'en a rien à faire et nous nous installons. Restaurant dans la pénombre… Le personnel mange. Une femme de ménage passe l'aspirateur. Mon père commande au maître d'hôtel son meilleur caviar et son meilleur champagne !

« Je fête la réussite au bac de ma fille ! » lui dit-il… en plein mois de janvier.

Pendant le repas, mon père mêle son récit au bruit des aspirateurs. Il me raconte le restaurant avec son orchestre, sa clientèle chic… Il engouffre le caviar à la main, confond le rince-doigts et sa coupe de champagne, accepte la bouteille qu'offre « la Maison » en l'honneur de mon fameux succès au bac (politesse oblige).

Mon père ne tient plus debout. Il me ramène chez moi et roule à 2 kilomètres-heure. Au moment de nous quitter, il me serre un instant dans ses bras et fond en larmes.

Il m'apprend que je vais avoir un demi-frère.

Le destin de la mère

J'étais en classe de première quand ma mère partit en Inde pour plusieurs mois. La veille de son retour, une lettre arrive pour me prévenir d'un changement dans ses projets. Elle doit prolonger son voyage de deux mois. Elle me dit que j'aurai une grosse surprise. L'attente m'est interminable. Je dors mal, cherche ce que peut être la grosse surprise. Une vache sacrée ? Un fakir ?

Vient le jour J et je suis à l'aéroport. Son avion est annoncé à l'arrivée.

La douane passée, les passagers, un par un, apparaissent dans l'espace qui les sépare de ceux qui les attendent.

Je scrute ardemment.

Pas de mère... Pas plus que de vache sacrée. Ni de fakir. Ni même de maharadja qui l'aurait épousée !

Je suis prise de panique... Elle ne rentre pas !

Quand devant moi se plante un personnage improbable, hétéroclite et très étrange. Drapé de rouge, les pieds nus, un crâne entièrement rasé. Son visage ne m'est pas tout à fait inconnu.

J'entends alors la voix familière de ma mère : « C'est moi, ma chérie ! »

Je me sens flotter, m'éloigner de la réalité… Ce qui ne m'empêche pas d'avancer pour l'embrasser.

Je demande :

« Et la vache sacrée ? »

Elle est stupéfaite :

« De quoi tu parles ?

– De la grosse surprise !

– La surprise ? Eh bien, c'est moi la surprise. Tu vois, je suis nonne. Nonne bouddhiste ! »

D'un geste de recul, elle repousse mon baiser et ajoute :

« On n'embrasse pas le clergé ! »

Quand vient ce vers de Rilke résonner dans ma tête :

« Qui donc, si je criais, m'entendrait parmi les hiérarchies des anges ? »

Qu'était devenue sa chevelure aux boucles noires ? Sa vie de femme, sa vie de mère ? Pourquoi avoir renoncé à la féminité ? Son engagement à vie redéfinissait brutalement l'expression de notre lien mère-fille.

Je comprenais ses vœux comme une rupture intérieure nécessaire.

Ma mère pensa éloigner sa souffrance de femme et d'artiste en se faisant nonne. Mais on ne se libère pas facilement du piège de notre histoire.

On n'apprend pas la prière en priant, on prie en vivant.

On n'échappe qu'à la peur de la douleur, pas à la douleur.

Cette année-là ma mère avait quarante-trois ans.

Passe le temps, j'ai quarante-trois ans quand se déclare la maladie.

La liberté ne vient que de vouloir ne plus vouloir.

Dans l'équilibre subtil des liens, il faut beaucoup d'amour pour accepter sa place.

C'est sans révolte que, chassant de mon ciel l'ombre du passé, je décidai d'y laisser toujours la lumière de la joie.

Dieu. À ma droite, rien.
À ma gauche, le cœur. Ouvre et passe.
Au-dessus, l'infini. Mon regard s'y perd.
Sous mes pieds, la terre.

Mystère. Le mystère reste entier.

Vivre. À la croisée de la matière vide,
palpable, naît une force ronde
vivant sur elle-même.

Vide. Pareil à rien, éprouve la Foi.
Pareil à tout, éprouve le doute.

Foi. La moindre des folies. Bécassine était
bretonne et Bécassine n'était pas folle.
Levons l'ancre de notre frêle embarcation.

Compassion. Aime ton prochain comme toi-
même, mais commence par lui.

Prier. Jette tes bras autour de la terre.
Donne. Ne garde rien. Ne demande rien.
La prière est un mouvement.
Regarde.

S.D.F. Sans Dévotion Fixe est le clochard
du Paradis. Je ne suis d'aucun et de tous
les courants d'air. J'ai habité chaque pensée
d'amour qui passait.
En sautant de l'une à l'autre, j'ai atteint
    le ciel.
C'est si beau !

Courage. Le courage a une raison.
L'amour est sans raison.
L'espoir fait l'acrobate.
Qui a suspendu son fil si haut ?

Soleil. Je propose un troc aux anges.
Ceux qui ont froid sont presque à nous
    toucher.
Installés sous la chaleur de notre souffle,
Ils attrapent les mots au passage.
J'aimerais avoir Soleil au lieu de Dieu.
Impossible, les anges ont enflammé le ciel.

La fête

À la question qui m'est posée : « Comment vas-tu ? », je réponds : « Je vais bien. »

Ce qui en moi va bien est tellement plus fort que ce qui se déglingue. Je me glisse l'air de rien au cœur de la vie en fête. La vraie maladie, c'est de perdre le goût du monde.

Je me souviens de cette aube où je vis l'enfant qui était né de moi. Dans la nuit on l'avait couché, son lit contre le mien. J'écoutais cette respiration nouvelle. Laissant éteint le néon aveuglant, je devinais les contours de sa petite tête. Nous avons attendu la lumière progressive du jour pour tout doucement nous connaître. Notre chambre petit à petit accueillait cette aube unique. Je découvrais plus de son front, de son nez, les mains aux longs doigts aux postures de danses indiennes.

Ce qu'il y a de prodigieux dans une naissance est si vite oublié ! La perfection d'un être, venant s'originer presque à l'insu de qui le porte pour un temps de neuf mois, cette magie en toute chose, est l'Œuvre en mouvement.

La piqûre et la caresse

Quand la Belle se piqua le doigt, le Royaume s'endormit pour cent ans et ce fut dur pour les marchands de somnifères. C'était le jour de ses dix-huit ans comme l'avait dit la prédiction de la mauvaise fée.

Je n'appartenais pas au Royaume et restai éveillée.

Il y a tant d'amour à vivre, tant de fleurs à chaque printemps, tant de silence dans un flocon de neige.

Tant de marelles d'enfants et d'enfants qui, devenus grands, verront leurs enfants tracer à leur tour des marelles à la craie. Tant d'arbres et d'ombrages où s'asseoir face au monde.

L'essence de la vie est une source qui coule entre nos mains et nous ne pouvons la retenir.

Elle est partout. Elle n'est pas à chercher.

Dieu n'est pas à chercher.

Ce filet d'air si doux allant d'âme en âme est la caresse du Mystère.

Au comptoir vide de toi
Je jouais aux dés mon désespoir
Je jouais aux dés un dernier verre de
    larmes
Je vis rentrer l'écume des vagues
Le vent violet des bruyères
Le bavardage des lavandières
Sur un air d'espérance amoureuse
Je pris la vie comme cavalière.

À toi

Longtemps j'ai écrit sur des pages de vent sans laisser de trace.

Ma mer intérieure était tempétueuse, j'aimais les naufrages et les mots qui en font une histoire.

J'aimais les amours romanesques. Je ramassais sur les plages jonchées d'épaves la mémoire de leurs blessures.

Le péril de la maladie a imposé un autre regard et une envie de vivre plus vaste.

Je suis sortie du jeu où l'on aime se faire peur.

J'ai offert un miroir aux reflets de la contemplation et du rêve pour écrire le murmure d'amour des hommes et l'abondance de la terre.

Je donnais ma main à un homme et nous n'avons jamais cessé notre étreinte. Les dieux de l'amour avaient décidé de nous, ce jour-là précisément, où son clin d'œil bleu caraïbe me chavira.

J'allai vers celui qui m'appelait.

Nous avons connu la jeunesse, la passion et les guerres qui attisent son feu. Puis est venu l'amour de l'autre qui va au-delà de l'autre.

L'aventureuse liberté de l'âme dépassant l'épreuve des émotions.

À la maladie, nous avons fait des pieds de nez et adressé des « même pas peur » par notre mariage et une maison au cœur d'une forêt appartenant aux biches.

Nous y avons vu grandir mes enfants et maintenant les enfants qui sont les leurs.

Aujourd'hui nous vieillissons ensemble et j'aime ces rappels du temps que son corps me raconte.

Je comprends intimement ce que l'on dit quand on parle d'un amour plus fort que la mort.

Le troisième pli
en partant de la gauche
au coin de ton œil
est l'aile des ans
sur laquelle je voyage
quand de mon doigt
je caresse le temps.

Dans les plis du rideau
Il y a toujours un enfant qui se cache.

À toi

Tu repasses ma vie
Le long de tes manches froissées
Et je t'enlace dans un coin du lit
Pendant qu'au loin retentit une fanfare.
J'essuie doucement une goutte de sueur
sur ton front étonné.
Je ne devrais pas être là.
À toi, Yann.

La fête (2)

L'orage approche.

Chaleur perlée. Le chat immobile, cligne.

Le ciel tombe en particules électriques. Attendre…

Cinq heures du matin, je guette les prémices du jour.

Hier j'ai terminé ce livre.

Face au ciel déchiré d'éclairs et de tonnerre,

Assise sur l'escalier de pierre

Je suis seule et j'attends.

Le cœur brûlant, j'appelle la pluie.

Elle arrive violente et je m'en vais ivre de terre et d'eau,

dansant parmi les herbes hautes.

Je vois, sous mes pas, jaillir par milliers de brèves étincelles.

Une manière d'épilogue

8 août 2024

Deux jeunes gens, Amaya et Elio, viennent de s'asseoir sur l'escalier de pierre ouvert sur le ciel. Ce sont eux à présent qui contemplent les derniers couples de danseurs.

Derrière la maison, le bruit des voitures garées dans le champ qui patinent. Les amis s'en vont petit à petit. La fête se termine.

Face au ciel fuyant d'étoiles. Ils sont heureux.

Du plus loin qu'ils se souviennent cette fête a eu lieu, ici, à chaque anniversaire de leur grand-mère et cette fois encore, il n'a pas plu. À cette époque de l'année et dans cette région de France, les orages sont forts et presque quotidiens. Par quel miracle sont-ils restés toujours à distance, le temps de la fête ?

Les deux jeunes gens sont les seuls encore éveillés. Ils évoquent des souvenirs laissés par ces fêtes.

Amaya parle :

« En 2014, c'était les soixante-six de mamie. Dire qu'elle avait encore sa maladie ! C'est fou quand j'y repense, ses difficultés à marcher. Puis à la fête, elle s'éclatait. Elle dansait jusqu'à quatre heures du matin. Des rocks, plusieurs de suite. Sur des vinyles des années 80.

– Je ne me souviens pas, j'étais sûrement couché ; j'avais quatre ans, fait remarquer Elio.

– Rappelle-toi cet orage, reprend Amaya, super impressionnant. Tu avais eu la trouille. Les éclairs lacéraient le ciel tout autour de nous. Ça faisait des griffures horizontales. Les amis racontaient que pour venir, ils avaient dû dégager des branches d'arbres tombées sur la route, que chez eux, l'électricité était coupée. Ils croyaient la fête foutue.

– Ça me revient, c'est la première fois que je voyais un arc-en-ciel, le plus beau de ma vie. Un double. Deux demi-cercles fluo au-dessus de nos têtes.

– Il y avait les nuages qui déferlaient comme des vagues et s'arrêtaient avant d'arriver sur nous. Nous étions protégés par une ligne qui contenait l'orage. Tous regardaient éblouis ce ciel en bataille. Un vrai spectacle. Il faisait si chaud que je n'arrivais pas à dormir. J'ai entendu les derniers amis partir. Alors la pluie est arrivée, bruyante. Je suis descendue rejoindre mamie. Je l'ai vue sous la pluie qui dansait de joie. Je me souviens, elle m'a prise dans ses bras en me disant : "Ah, on est heureux !..." Et c'était vrai. »

TABLE

SECONDE PARTIE : La vie comme cavalière

DU MÊME AUTEUR

La Dame des mots,
NiL, 2012.

Composition Nord Compo
Impression CPI Bussière en décembre 2014
Éditions Albin Michel
22, rue Huyghens, 75014 Paris
www.albin-michel.fr
ISBN : 978-2-226-25848-9
N° d'édition : 21251/01 – N° d'impression : 2012912
Dépôt légal : janvier 2015
Imprimé en France